혼자 차려 먹는 밥상

안윤채 詩集 1

엠-애드

Contents
차례

1부 대답 한 번 해 보십시오

2부 시인의 꿈

3부 상처

4부 추억

1부 대답 한 번 해 보십시오

들꽃 속에 서면

가을 나절 햇살 아래
가냘픈 떨림 하늘
들꽃 속에 서면
한줄기 서늘함 같은 바람이 뭉클한 의지로
가득 찹니다
사랑도 행복도 모두 사라졌지만
어둡고 긴—장막을 걸어 나오 듯
더 이상 삶이 절망일 수 없음을
인적 없는 호젓한 골짜기
들꽃이 내게 준 가르침이었습니다

다시 시작하였습니다.
햇살이 산자락에
숨은 들꽃 이파리에 찾아 들 듯이
모질게도 꺾이고 찢긴 상흔,
이제 아물 듯
깨어지고 조각난 내 인생 안으로
그 빛이 다시 찾아 들 때까지
들꽃처럼 억세게 헤쳐 나갈 것입니다

국화꽃

국화꽃
한 아름 꺾어 안고

깊은잠 자는
그대 무덤에 가
마구 흔들어 깨워

묻은 흙
툭툭 털며 일어나는 그대에게
국화꽃 한 아름 선사하며
사랑 나누자 했더니

그대는 그만
국화꽃 진한 향기에 취해
포시시 도로 잠들어 버린다.

대답 한 번 해보십시오

하늘엔 경문이 있고
땅에는 도가 있고
인간에겐 경우가 있다

나는 신께 묻고 싶습니다
왜 사람의 감정
이성과 신체구조를 묘연하게 만들었냐구요

신은 허우적대는 인간의 모습을 보고
즐기시는 겁니까?
대답 한 번 해보십시오
그렇게 만들어졌으면
억제할 수 있는 인간의 능력도 주셨어야지요

사랑하는 건 죄가 아니잖습니까?
도덕적으로나
종교적으로나
윤리적으로나
인간의 도리상
그래선 안된다는 것을 인간도 잘 압니다

그러나 억제할 수 없는 감정이 흐른다면
도리 없잖습니까?
차라리 목숨을 버릴까요
그럴 수 있는 용기도 주지 않으셨잖습니까

컴퓨터와 연애하고 싶어

세상은 바야흐로
고도의 첨단 컴퓨터 시대
초고속화 인터넷 물결 시대

외로움이 필요없습니다
사랑에 굶주렸다구요
세상물정 모른다구요
세상 밖 나가기가 두렵다구요
늙어서 자신이 없으시다구요

못생겼어도 괜찮아요
뚱뚱해도 괜찮아요
몸이 불편해도 괜찮아요
못 배웠어도 괜찮아요
걱정할 거 하나 없어요

삶을 달관한 넉넉한 가슴으로
그대들을 품을 것입니다

세상만사

세상만사 뜻대로 되는 일 없다면
크게 한 번 웃어 보자구요

세상만사 이룰 수 없는 일이 있다면
깨어부수자구요

세상만사 노력한 만큼 얻어지는 게 없다면
산행 한 번 해보자구요

세상만사 가질 수 없는 게 있다면
모두 다 버리자구요

아는가 그대들은

아는가 그대들은
꽃피는 봄이 가면
녹색 여름이 오고
여름이 가면 황금빛 가을이 오고
가을이 가면
하얀 겨울이 온다는 것을

아는가 그대들은
세상만사 새옹지마
화무는 십일홍이요
오르막길이 있으면
내리막길이 있고
내리막길이 있으면
오르막길이 있고
음지가 양지되고
양지가 음지 된다는 것을

아는가 그대들은
작은 물방울이
큰 바위에 구멍을 뚫고
바람이 불면 파도가 치고
파도가 치면 바닷가 조약돌
파도에 쓸리어
더욱 영롱한 빛을 발한다는 것을

목련꽃 필 때면

목련꽃 필 때면
내 마음
설레인다
멋진 사랑 한 번 해 보고 싶고
멋진 남자와 데이트도 해 보고 싶다

목련꽃 필 때면
내 가슴
젖어든다

떠나간 이 보고 싶고
잊혀진 이 생각나고

목련꽃 필 때면
내 마음
술렁인다

어디론가 떠나고 싶고
어디론가 훌훌 날으고 싶고

아! 목련꽃 필 때면
눈물이 난다
그리운 이 그리워,

목련 꽃잎 강물 위에 띄워 놓고
그대 생각에 젖어
목련꽃 필 때면
눈물이 난다

사랑해선 안될 사람

서로 사랑을 하면서
사랑해선 안될 사람이 있습니다

서로 그리워하면서
만나서 안 될 사람이 있습니다

함께 자고 싶은데
같이 자서는 안 될 사람이 있습니다

아, 사랑해선
안 될 사람을 사랑하면
죄인가요

사랑하나봐

아마 그를 사랑하나 보다
자꾸만 생각나는 것이

아마 그를 사랑하나 보다
자꾸만 꿈 속에서 그를 만나는 것이

아마 그를 사랑하나 보다
자꾸만 그리운 것이

아마 그를 사랑하나 보다
자꾸만 보고픈 것이

아마 그를 사랑하나 보다
자꾸만 생각하지 말자고 다짐하는 것이

아마 그를 사랑하나 보다
사랑하게 될까봐 두려워지는 것이

아마 그를 사랑하나 보다
사랑하지 말자고 다짐하는 것이

그래 사랑하지 말자
사랑해선 안될 사람을

이룰 수 없는 사랑의 애달픔이야 …

봄이 오면은 …

꽃피는 봄이 오면은
설레는 가슴으로
희망의 노래 부르며
사랑하는 사람을 맞이할 거야

햇살 가득한 봄이 오면은
뜨거운 가슴의 열정으로
꽃다발 한아름 꺾어 안고서
그대 품에 안겨줄 거야

찬란한 봄이 오면은
부풀은 처녀 가슴으로
사랑의 노래 부르며
속삭이듯 그대 품에 안길거야

화알짝 핀 봄이 오면은
설레이는 마음으로
꽃밭에서 콧노래 부르며
그대와 꿈같은 사랑을 할 거야

생명

삶의 소생이었나
사랑의 증표였나

너는 눈부신 광채의 빛을 가지고
새 삶을 시작했다

사랑의 잉태였나
사랑의 결실이었나

너는 이상의 빛을 가지고
새 삶을 약속했다

그러나
그 빛은 화려하진 않아도
캄캄한 암흑 속의
희미한 불빛이 더욱 더 큰 빛인 것처럼

어둠 속을 밝힐 수 있는 작은 빛이
진정 눈부시고 아름다운
영원한 빛이요
생의 찬란한
빛이어라

어부의 삶

바다를 보며 긴-한숨
어느덧 내 나이 예순 고개에 세월의 덧없음을
한탄하노라 원망하노라

바닷 바람에 검게 그을린 얼굴
눈가엔 굵게 패인 한 맺힌 주름들
나 죽어 다시 태어나면 어부는 아니되리

살갗을 도려내는 듯한 바람을 적삼아
끝도 안뵈는 시퍼런 수평선 바다로 향한다
혹여 만선의 깃발을 올리려나 부푼 가슴을 안고

아, 신의 장난이었는가
운명의 장난이었는가
폭풍우는 나의 마음을 무참히도 짓밟아만 버리는구나

마디 굵고 거칠은 손으로
그물 한코 한코를 정성스레 꿰맨다.

술 한 잔에 마음을 위로하며
담배 한 대에 벗을 삼아
노랫가락으로 회포를 풀며

내 사랑하는 아내여 아들들아
나 비록 어부였으나 바다의 사나이였노라
바다가 주는 용감함 어부의 감투
선장이었노라,

차라리 난

차라리 난,
추운 겨울이 좋지
화려한 봄은 싫다

차라리 난
무더운 여름이 좋지
쓸쓸한 가을은 싫다

들뜬 봄보단
차분안 겨울이 좋듯
쓸쓸한 가을보단
북적거리는 여름이 좋듯

들뜬 것도
쓸쓸한 것도 난 싫다

차라리 난
남의 눈을 의식하며 사는
광대의 무리가 좋지
빈 방의 덩그런 나 하나는 싫다.

무대 뒤의 연극인처럼
연극이 끝난 무대인처럼

겨울밤 달빛 흐르는 별 하나 되어
난 언제나
쓸쓸히 살아가야하는 운명인가 보다

그이와 배드민턴을 치고 싶다

한 번 잘못 끼워진 단추는
다시 끼우면 되는 거고

한 번 잘못 박힌 돌은
뽑아내면 되는 거고

한 번 무너진 축대는
다시 쌓으면 되는 거고

한 번 부러진 뼈는
시간과 공을 들이면
더욱 단단하게 굳어지게 되는 거지만

한 번 실패한 결혼은
처음으로 원상복구 될 순 없는 걸까

아! 인생이 예술이라면
저 푸른 초원 위에
초가삼간 집을 지어
지붕 위엔 박넝쿨 그려 얹고

삽살 강아지 꼬리치며
멍멍대는 앞마당에서

그이와 배드민턴을 치고 싶다.

이유의 바다

바다가 푸른 것은
그 이유가 있지
파아란 하늘 닮은
바다의 파란 마음을 가지라는 것이지

바다가 넓은 것은
그 이유가 있지
수 많은 사람들을 안아줘야 하니까

바다가 깊은 것은
그 이유가 있지
인간사 고통들을 다 이해해줘야 하니까

바다가 침묵하는 것은
그 이유가 있지
수 많은 사람들의 하소연을 다 들어줘야 하니까

바다가 잔잔한 것은
그 이유가 있지
바다의 너그러움을 닮으라는 것이지

바다가 성난 파도를 치는 것은
그 이유가 있지
부패한 인간들에 대한 성냄인 것이지

바다는 분명 그 이유가 있지

산골짜기에서 살고 싶어

산골짜기 외딴곳에
초가삼간 지어놓고
산새 재잘대는 소리
시냇물 흐르는 소리
들으며 살고 싶네

앞마당엔 꽃밭을 만들어
맨드라미 채송화 봉숭아 해바라기...
꽃씨를 뿌려
꽃밭을 가꾸어
벌 나비 찾아들어 정사를 하고

담장너머 텃밭엔
상추랑 쑥갓이랑 푸성귀 심어 놓고
새벽 장닭 우는 소리에
눈을 떠,
새벽이슬 맞으며
초록 앞치마에 한아름 따
까치와 아침을 먹고 싶네

소 몰고 논밭 갈고
뻐꾸기 울어대며
애기염소, 송아지, 두 귀 쫑긋대며
애달피 엄마 부르는 소리,
논두렁에 개구리 개골개골 시끌하고

청설모 말썽 피고
다람쥐 재주 부리며
밤이면 이름 모를 풀벌레들 울어대고
별들 속삭이는 소리,
가을이면 들판에 서서
훠이훠이 새들을 쫓으며

나 여기 두메나 산골에서
초가삼간 집을 짓고
자연을 벗 삼아 살고 싶네

처음부터 다시 시작하는 거야

그래 처음부터 다시 시작하는 거야
백절불굴 굳은 의지로
이미 태어날 때부터
내 반쪽 인생이 정해져 있다면
그걸 찾는 거야

그래 다시 시작하는 거야
내가 그를 찾아 지쳐 쓰러질 지라도
설령 그 짧은 행복을 위해
50년 생을 헛살았어도 좋다

그래 다시 시작하는 거야
손금으로 흐르는 내 운명처럼
그도 어디선가 나처럼
애타게 날 기다리고 있을지 몰라

가다가 배고프면 나무뿌리 캐어 먹고
가다가 갈증나면 흐르는 물 퍼마시며

그래 반드시 찾는 거야
지구 벼랑 끝이라도 좋다
불 속을 헤집고라도 가야지
칼날 위를 딛고서라도 가야지
지옥이라도 갈 것이다

정해진 내 반쪽 인생을 찾는다라면...

봄 나들이

진달래 개나리 벚꽃들이 만발하는
봄의 화려한 계절
엄마 아빠 아가는
꽃동산 봄꽃놀이 떠난다

엄마는 진분홍 진달래꽃을
아빠는 하얀 벚꽃을
아가는 노오란 개나리꽃을 그린다

오고 가는 많은 사람들
봄꽃 웃음 활짝 넘치네

봄의 포근한 꽃바람 타고서
엄마 아빠 아가는
하늘구름 구름여행 떠난다
뭉게구름 꽃구름 새털구름

엄마는 산들산들 피어나는 꽃구름 타고서
아빠는 뭉게뭉게 피어오르는 뭉게구름 타고서
아가는 하늘하늘 하느적 새털구름 타고서

봄 하늘 구름 비행기
하늘을 날으네

봄의 따사로운 햇살 받으며
엄마 아빠 아가는
봄바다
바다 여행 떠난다

엄마는 잔잔한 물결을
아빠는 파아란 바다를
아가는 예쁜 조약돌을 담는다

봄바다 찾는 많은 사람들
확 트인 바다보고 허허로이 웃고 가네

상반된 생각

이 세상에서
가장 행복한 게 무언지 아니?

부자!
아니!
명예!
아니!
이쁜 거!
아니!
그럼?

사랑하는 사람으로부터
구속 받는 거지
그게 가장 행복한거지

이 세상에서
가장 무서운 게 뭔지 아니?

귀신!
아니!
강도!
아니!
사자!
아니!
그럼?

외로운거지
외로운 게
이 세상에서 가장 무서운거지

부부싸움

와장창 와르르 와장창
부서지고 깨어지는 살 떨리는 소리
간간히 창문 비집고 들리는
여자의 가냘픈 비명소리

아빠 참으세요
엄마 참으세요
울며불며 매달리는
죄 없는 아이들의 만류에도 아랑곳없이
뿌리쳐 버리는 저 무정함들

아, 아, 지금 내겐 저 치욕스런 싸움마저 부러우리
화장대거울 산산이 깨어져
바닥은 온통 어지러운 파편들로 물결치고
찢겨져 풀어헤친 앞 가슴팍
진한 장밋빛 피비린내는 방안에 그윽하고

내게도 그런 날들이 있었다네
낮은 추웠지만 밤은 따뜻하지 않은가
서로 용서 빌고 용서해 줄 수 있는 사람,
칼로 물 베기의 싸움
차라리 그런 날들이 좋았나보다

비가 좋아

비가 좋아
비오는 날 밤이 더욱 좋아라

오늘밤
대지의 목마름을
알아주기라도 하듯
빗방울은 하염없이 창문을 두드리다

비오는 밤
별님 없어도 좋아라
달님 없어도 좋아라

한 줄기 비와
이 밤
사랑 속삭이리

2부 시인의 꿈

그리움

그 때가 언제였더라
그대와 다정히 손 잡고
호젓이 이 길 걷던 때가

그대 밀려드는 그리움에
명치 끝 아파올 때
그대와 다정히 손 잡고 걸었던
그 길 다시 걸어봅니다

그대 그렇게 가버릴 걸
내게 왜 정 주었나요
그대 내게 아픔만 줄 걸
왜 그렇게 다정했나요

처음부터 사랑하지 말 걸 그랬어요
그대가 내게 다가올 때
그냥 외면해 버릴 걸 그랬어요
만나지 말 걸 그랬어요

그대 사무치게
밀려오는 그리움

부러움

토요일 오후
짙은 화장에 남편 팔짱 끼고
백색 에쿠스 승용차에 몸을 싣고
어디론가 질주해버린다.

이른 아침
골프채 매고 하얀 츄리닝
부부의 앙상블
걷는 발걸음 생기 넘쳐보이네

누구는 팔자 좋아
남편 그늘 밑에서 향유하며
사랑노래 부르는데
난
외로운 외기러기

그리움만 잔뜩
배불리 먹고 산다네

시인의 꿈

나는 늘 나만의 공간
서재 하나 갖고 싶은 게
꿈이었다

상아색 커튼을 늘어뜨린
창문 밑에
풋풋한 나무 향 가득 묻어나는
나무 책상 하나,
컴퓨터 한 대와 스텐등
책꽂이엔 내가 좋아하는 시인들의 시집,
모두 모아 꽂아 놓고
안락한 의자에 폭 파묻혀
따듯한 원두커피 한잔 음미하면서
내가 보고픈
시집을 꺼내 조용히 읊조리며
사색에 잠겨보고...

언젠가는 나도
마음의 정적을 가지고
시를 쓰리라

최고의 시인을 꿈꾸지 않는다
향수가 담겨있고
나무 안에 수액 흐르듯 젖어 드는 시와,
같이 읽어 공감할 수 있는
시인이고 싶다

언젠가는 나도
맑은 샘물 같은 시들이
봇물 터지듯 터져 나오리라

어린시절

무더운 여름밤
마당에 멍석 깔고
보릿짚 태워 모기 쫓으며
온 가족이 한데 모여
저녁밥을 먹노라면

입담 좋은 가설극장 선전이
고요한 마을의 정적을
깨뜨린다

–문화와 예술을 사랑하시고
아껴주시는 면민 여러분!
오늘도 변함없이 안녕하십니까?–
로부터 시작하여

–눈물과 감동 없이는 볼 수 없는 영화
청산에 우는 새야–

저녁밥 허겁지겁
뜨는 둥 마는 둥

오빠들과 개구멍하다
가설극장 감독님한테 들켜
꿀밤 맞고 벌을 받던…

어려서부터 사내아이처럼
억세게도 크더니만

훗날 팔자 또한
더럽게도 억세더라

기다림

행여 님 오실까
사릿문쪽 바라보다가
님 인기척인가
맨발로 뛰어나가
님 맞을까

스치는 한줄기 싸늘한 바람만이

행여 님 발자국 소리인가
귀 기울이다가
밀창문 열고
님 얼굴 맞을까

별 달 없는 까만 밤
쏟아지는 굵은 빗줄기만이

행여 님 품 그리워
님 날 찾아주려나
뽀얀 분 은은한 라일락 향수에
빠알간 루-즈 고운 옷
머리 빗어 단장하고 거울 앞에서
님 기다리다

야속한 님
오늘도 이 마음 외면한 채
바람 결에 꽃잎 날리 듯
목소리마저 전하지 않는구나

세월아 네월아

세월아 네월아 가지마라
백구야 날지마라

너 왜 자꾸만 가니
아까운 내 청춘 어이하라고
왜 자꾸만 가려하니

아직 내 꿈 펼쳐보지 못 했는데
아직 나 할 일 많이 남아 있는데

세월아 네월아 가지 마라
백구야 날지 마라
왜 자꾸만 가

나 늙고 병들면 어이하란 말이더냐
내 꿈도 이상도 사랑도
여기서 멈출 수야 없잖니

세월아 네월아
가라
백구야 너도 날아라
붙잡아도 갈 수 밖에 없는 너이기에
나 잡지 않으련다

가되
아주 천천히
이제 발짝 떼는 아가의 발걸음마냥
그렇게 더디더디 가다오

내 인생에

내 인생에 날개가 있다면
나는 하늘을 훌훌 날아다니는
한 마리 새가 되고 싶다
어둡고 추운 구석을
구석구석 찾아다니며
밝고 청량한 목소리로
그들의 노래가 되어 주고 싶다

내 인생에 꽃이 피어난다면
길가에 방긋 웃는 민들레가 되고 싶다
지치고 외로운 자들의
늘 미소가 되어
그들을 반기고 싶다

내 인생에 뿌리가 있다면
나는 산등성이의 커다란 거목이 되고 싶다
굶주린 자들이 약한 자들이
잠시 쉬어 갈 수 있는
그들의 그늘이 되어주고 싶다

내 인생에 사랑이 있다면
맑은 샘물이고 싶다
아픈 자가 오면 생명수로
마음이 구린 자가 오면 양심수로
소원을 빌고자하는 사람이 오면 정화수로
목 마른 자가 오면 감로로

내 인생에 사랑이 있다면
퍼내어도 퍼내어도 마르지않는
사랑의 샘물이고 싶다.

키스

두 몸이 한 몸으로 밀착되는 순간

나는 너무도 황홀해 무아지경에
빠지고 말았습니다

퍼부어대는 진한 장밋빛 키스는
구름 타고 하늘을 나는 것만 같았습니다

그의 손길 머무는 곳마다
난 그만 자지러질 것만 같았습니다

예쁜 새 한 마리가 창공을 날다
깊이 추락하는 기분이었습니다

나는 그만 아! 하는
연분홍빛 신음소리를
꽃망울 터뜨리듯 터뜨리고야 말았습니다

그때 그 순간은
아무 생각도 할 수가 없었습니다

정말 미쳐버릴 것만 같았습니다.

코스모스

가느다란 목선을 길게 빼고
하늘을 염원하는 코스모스여!

바람에 이리저리 흐느적거림에도
거리의 사람들을 유혹이라도 하듯
은은한 향기를 풍기며
고매한 자태로
한껏 기승을 부린다

그러다가 쉬 지친 몸이 되어
힘없이 땅에 떨어져...

누군가의 기억도 없이
흙이됨이 서러워
하늘을 향해
짧은 자기 命을 원망이라도 하듯

끝내
서러움을 토해
이슬로 눈물 남긴다

술의 예찬 (하나)

나는 한 잔 술을 참 좋아한다.

여럿이 어울려 떠들어대며 팝콘 한바구니 호-프도 좋구

옷깃 스치는 인연들과 정담 나누며 한 사발 막걸리도 좋다

한증막에서 나와 갈증 해소에
가슴 적시는 한 그라스 맥주가 그리 좋을 수 없구

비오는 날
한적한 곳을 찾아 향수를 달래며
승용차 뒷좌석에 앉아
캔맥주 한 잔에 오징어 다리는 환장하게 좋다.

아무도 기다려주지 않고, 맞아주는 이 없는
캄캄한 방 불을 켤 때, 소주 한 잔이 참 좋구

잠 안올 때 잠을 청하기 위해
얼음 서너 조각, 딤플에 콜라 칵테일은 진짜 끝내 주게 좋다.

고향이 그리워 흙냄새가 그리워 교외 토담집,
동동주 한 잔과 파전은 오르가즘을 느끼게 하고

한 겨울 늦은 밤, 외로움과 고독을 벗 삼아
가로등 불빛 세례 받으며
포장마차 닭똥집 한 접시와 소주 한 잔이 정말 죽인다

지나온 내 삶이 너무도 서글퍼
흠뻑 취해보자,
소주 두 병이 미치도록 좋고

오랜만에 분위기 있는 곳,
탁자에 장미꽃 한 송이 촛불 한 자루,
미사리 라이브카페 위스키 한 잔이 진짜 좋다

술은 참 좋다
어디선가 술 한 잔에 기대고 싶고
술 한 잔에 외로움을 달래고 싶은 그들애게
술은 얼마나 큰 윤활유 역할을 해 주는지…

술의 예찬 (둘)

엄마는 한잔 술을 좋아하셨다
5일장이면 엄마 술 친구들과
한 번쯤 걸판지게 노신다

어느 집 넓은 앞마당
돼지울간 앞
다 떨어진 멍석 깔아놓고
찌그러진 양철상에
김치 새우젓 두부 안주
찌끄러진 주전자에 설탕 탄 막걸리
너털거리는 장구 하나가
모든 장르의 음악이 다 통한다

아낙네들은 장구 하나에 목을 메며
얼씨구 얼씨구 차차차 …
오동추야 닭이 밝아 …
앵두나무 우물가에 …

부른 노래 또 부르고
가락에 맞춰 추는 도봉산 춤
밤새 부르고 추워도 지칠 줄 모르는 광흥
그러다가 아버지의 우악스런 손에 이끌려가시곤

그때 난 엄마를 이해할 수 없었지만
그때의 엄마 나이가 된
지금 난,
엄마를 이해한다
한 잔 술이 그렇게도 좋았다는 것을

데칼코마니

휘청거리는 밤
화려한 네온사인 불빛
세례 받으며
땅바닥에 이마 박고
입 맞추고
늑대와 춤을
적과의 동침

오늘밤
박살나게 취하고 싶다
확 미치고 싶다
화냥년이 되고 싶다

거리에 여자로
거리에 남자들을 유혹해
진하게 섹스 한 번 하고 싶다

달

비련의 혼령이던가
상사의 영혼이던가

한이 맺혀 넋이 되어
밤마다 구름 타고
달빛 되어 돌아오는 임

비바람 모진 풍파
외로히 홀로 버티며
눈부신 황금빛 고운 옷 입으시고

누굴 그리러 오는가
누굴 못잊어 다시 오는가
불타는 정열 사랑이여

임 가는 곳에 달빛 되고
임 가는 곳에 그림자 되어

홀로 그리며 애태우는
터질 듯한 붉은 가슴이어라

국회 나랏님들

침묵은 금이요
웅변은 다이아몬드인가

웅변은 동이요
침묵은 다이아몬드지

인두꺼비 둘러쓰고
대중 앞에서 나서,
혼자 애국자인냥

두 눈 부릅뜨고
입에 게거품 물고
목 심줄 튕기며

복지시설이 어떻구
복지시설 지원금 떼쳐먹는 놈이 제 놈이고

어떤 놈이 저떻구
그 어떤 놈이 제 놈인 걸

국회 의자가 농구 공인가
점-프하며
공중으로 의자가 휙휙 날아다니고,

그게 바로 국민들 땀과 눈물의, 세금인 것을,

싸움 못하면 국회의원도 못된다는데...
진돗개나 키워 국회로 보낼거나

국회의원 될려고
어려서부터 합기도, 유도, 태권도 배웠나
이단 옆차기, 돌려차기, 배지기, 호미걸이,

국회의회 때, 성난 사자들처럼 싸우다
국회 문 나서자마자, 골-프채 메고
괌으로 호주로

정치가 놀음판이고, 아사리 판이라면,
에라,
흔들고 설사에 쓰리고에 피박이나 써라

여명

한 생명이 탄생되려면
산모의 심한 산고(産苦)를 겪듯

봄을 탄생 시키려면
대자연은 심한 산고의 몸부림에
황사를 일으킨다

곧 거대한 대자연의 자궁에서
아가 솜털 같은
봄은 탄생되고

봄의 햇살
봄의 숨결
봄의 속삭임
하늘 협곡의 신기루

침묵했던 대지를 깨운다

열정

사위는
칠흑같은 어둠이 깔리고
꽁꽁 얼은 대지는
마음마저도 얼어붙게 하지만
너와 나
가슴에
열정의 불을 지펴
얼은 대지를 녹여주고
또 남은 그 열기로
대동강 물을
녹여나 볼까

－남 북 통일을 염원하는 마음에서－

행복한 여자는

남편과 자식을 위해
희생하며 사는 여자일 것입니다

진정 열등하지 않고
자기 남편을 존경하며 사는 여자일 것입니다

남편을 의지하며
남편의 보호를 받으며 연약해보이는 여자일 것입니다

저녁에 남편한테 보이기 위해
항상 가꾸는 여자일 것입니다

남편이 좋아하는 음식을 만들 때
가장 행복한 여자일 것입니다

진정 행복한 여자는
남편한테 사랑받는 여자일 것입니다

웨딩드레스

세상에서 가장 행복해 보이는 순간
오늘이 가장 아름다운 순간
그대에게 영원하고 싶은 순간
새둥지를 트는 순간
이 시간을 위해 지금 껏 자신을 지키고
가꿔왔던 순간

웨딩드레스는 세상에서 가장 아름다운 옷입니다

오후의 햇살

진달래 이쁘다고 개나리 안이쁜가
별이 찬란하더냐
태양이 눈부시더냐
생이 즐겁다더냐

지구는 하늘의 별 중 하나
만물이 윤회하듯이
이 세상에
영원한 건 아무 것도 없다

꺾어진 반백년을 뛰어넘고 보니
삶을 달관한 심정으로
이제 남은 인생
고즈넉한 오후의 햇살이고 싶다

음양의 조화

오뉴월 긴긴해 점심 한 끼는 굶어도
동지섣달 긴긴밤
임 없이는 난 못살겠노라고

달거지에 오는 밤은
1년 밤을 다 합친 밤보다 더 긴 밤
그 밤은 고아먹어도 질긴 밤
그 밤은 없는 집 제삿날 돌아오듯
빨리 돌아오는 밤만 같은 아주 힘든 밤

오늘이 바로 그 밤
긴 베개 끌어안고
이리 뒹굴 저리 뒹굴
입 안에 고인 침 한 모금 꿀꺼덕
아~아~임들은 가고 또 가도
임들의 성기만은 놓고 갈 순 없는 건가

임이시여

임이시여
임이시여

이 땅에 슬픔과 통곡 소리
들으시나이까

하늘도 울고 땅도 우는
이 소리 들으시나이까

당신을 책망하고 부정만을 추궁하던 자들도
이제야 당신이 진정 크신 임 이신 줄 알고 있다는 걸
알고 계시나이까

당신을 음해하고 질책하는 이들보다
존경과 사랑하는 자들이 더 많다는 것을
알으셨나이까

이 땅에 정작 가야 할 자가 누구고
남아야 할 자가 누군지
알으셨나이까

더 많은 부정부패 저지른 자들의
양심은 들여다보고는
계시나이까

임이시여
임이시여
크신 임이시여
이 땅을 원망하소서

시란

시란 많이 배운 자만이 쓰는 게 아닙니다
어려운 말들을 많이 늘어 놓는다고 해서
시가 아닙니다
미사여구를 많이 쓴다고 해서
시가 아닙니다

시란
깊은 골짜기 계곡 물 흐르듯
맑은 공기, 맑은 마음, 순수한 사랑을
가진 자만이 시를 쓸 수 있는 것입니다

시란
항상 샘물 솟듯 솟는 것이며
시인의 가슴에 젖듯 젖는 것이며
내가 울어봐야 남도 울릴 수 있는 것입니다

시란
마음의 고향
표현의 다이아몬드
언어의 표상
삶의 예찬, 고뇌, 찬가 감성인 것입니다

시가 없는 사회는 너무나 메마르며
시를 모르면 의미없는 삶을 사는 것입니다
깊은 산 계곡물 흐르듯
시인의 가슴엔 늘 시가 흐르지요

풍경소리

덩그렁 떵 덩그렁 떵
당그랑 땅 당그랑 땅
달빛에 젖어 흐르는 처마 밑
풍경 소리
그윽한 풀 내음 향 내음

삭풍에 찢긴 모진 고뇌
바람과 구름
꽃과 나비
부와 빈
빛과 그림자
사랑과 마음
너와 나의 존재
너무도 당연한 순리
너무도 빛나는 진리

사랑도 벗어 버려
미움도 벗어 버려
성냄도 벗어 버려
벗어라 훨훨

덩그렁 떵 당그랑 땅
덩기 당기 더당기 땅
해 뜨고 달 지듯
꽃피고 달 지듯
구름에 달 가듯
달에 구름 가듯
물같이 바람같이
살다가 가려 하네

어느 노부부

보따리에 된장 고추장
바리바리 싸들고
윤기 자르르 구릿빛 주름진 얼굴

장롱 속에 고이고이 두었던
아들 며느리들이 해 드린 옷
오랜만에 꺼내입고서
아들 손자 며느리 보러 한양 가시나요

–성님 워디 가슈–
–응, 대전에 가지 우리 며늘 애가 임신을 혔다는구먼
그려서 떡 좀 혀 갖고가네–

세상에 가장 행복해보이는 모습
허리 펼 세 없이 봄, 여름, 가을
일만 하시더니
가을 곡식 거두는 농부의 흐뭇한 마음처럼
자식 농사마저 알뜰히 지어 놓으시고

하얀 겨울엔 이 아들 저 아들네 다니며
하얀 효도 받으시니
이제 내 나이 쉰이 넘고 보니
그것마저도 예사로 보이지 않는구나

나 늙어지면
누가 날 찾아오지
누굴 찾아가지

출가

내 나이 23살 꽃다운 시절
부처님 제자가 되겠다고
출가를 결심하였지

부석사 비구니스님께서 써주신
추천서 하나 받아 들고
청도 호거산자락
운문사를 찾아간다

대구역에서 내려
운문사로 향한
덜컹대는 직행버스는
굽이굽이 돌고 또 돌아
내 마음도 돌아가는데
가도 가도 끝이 없어 보이더라

무수히 쏟아져 내리는 상념들
서럽도록 붉게 타오르는 오색단풍 산야
담 너머에 빨갛게 익은 감들이 주렁주렁
천국이 따로 없구나

계곡물 소스리 흐르고
이름 모를 새들 푸드득 거리는
자연 경관을 감탄하며
향내 나는 길을 따라 오르는데

산천을 울리는 청량한 우렁찬 목소리들
어디서인가
배구를 하는 비구니들
나무를 해 지고 오는 비구니들
밭에서 일을 하는 비구니들
계곡물에 다듬어진 돌같이
예쁜
파르라니 깎아놓은 머리들
흐르는 계곡물만큼이나 맑기도 하구나

한참 사회에서 꽃 피울 나이
저렇게 고운 저들이 무슨 사연 가지고서
이 깊은 산야에 묻히는 걸까

산새가 좋아서
찌든 인간 속세가 싫어서
부처님 제자가 되고 싶어서

단풍 물든 무성한 가지사이로 펼쳐진
에메랄드빛 하늘
은은한 향내음
일순간 술렁이었던 내 마음이었을까

떨어진 빛 바랜 재색 사내 내복 한 벌
낡은 승복 한 벌
헐렁한 찢어진 검은 고무신
시월 말 깊은 산 깊은 계곡
왜 그리고 추운지

총무스님! 하고 눈물을 글썽이니
부시도록 아름다운 고운 피부
깎아 놓은 돌같이 예쁜 두상 총무스님
내 마음을 알아차리기라도 한 듯

-내려가 다시 한 번 생각해보고 와요-

— 국악의 꿈을 버리지 못해 방황하던 시절

3부 상처

상처 1

깨어지고 또 깨어진 그 자리
부서지고 또 부서진 그 자리
찢어지고 또 찢어진 그 자리

상처들로 모두 흩어져버린 그 자리에
까맣게 구멍이 뻥 뚫리었구나

상처 2

산산이 조각난 옹기항아리
붙여도 물이 새고

그리움에 부서진 쪼가릴
붙여도 미움이 되고

이별에 찢어진 낡아 빠진 청바지
꿰매도 속살이 드러나고

구멍 난 핑크빛 사랑엔
찬바람만 매몰차게 부누나

떠날 거야,

너, 나 없으면 어떻게 살래?
–넌 떠날 수 없어–
난 떠날 거야
–안 돼–
난 반드시 떠날 거야
–그럼 나 죽어 버릴 거야–
그럼 죽어

보내지 않을 거야

네 두 눈을 빼어서라도
너의 다리가 되어주고
너의 지팡이가 되어 줄 지언정
널 보낼 수 없어

네 날갯죽지 한 개를 부러뜨려서라도
주저앉혀
널, 날려 보내지 않을 거야
널 내 품에 두고
널 품고 살거야

그는 모르나보다
사랑은 결코 소유가 아닌
사랑하는 사람을 위해 더 행복해질 수 있다면
떠나 보내줘야 한다는 것을 …

이 싸움

동지섣달 긴긴밤
이른 저녁 먹고
건너방 할머니 백열등 밑에서
이 잡아주는 시간

올망졸망 형제들 다 모여
둘째 오빠 내복에서 왕 이 한 마리
셋째 오빠 내복에서 왕 이 한 마리
이 두 마리 싸움 시켜놓고

6형제 웃통 벗어붙이고
모두 다 엎드려
구들짝 두들기며

이겨라! 이겨라! 이겨라!

그러나 셋째 오빠 이가 자빠지기라도 하면
엄지손톱에 의해
가차없이 살해되고
두 번째 선수가 출전된다

저녁밥에 하나씩 얹어진 서리태
모두 골라
저녁에 이 싸움 시켜놓고
콩 따먹기 하던 웃지 못할 철없던 시절

그때는 이도 참 흔했지

피자 먹고 햄버거 먹고 자라는
콘크리트 빌딩 숲 속에 요즘의 아이들아!
이가 뭔지 아니

쉰 번째 내 생일

미역 박박 문대고
바지락 박박 닦고

뒤 숨 끓고 난 후
마늘 서너알 다져넣고

내가 그동안 맛본
인생의 쓴맛 단맛 외로움 서러움 그리움까지
모두 집어넣고

세 숨 푹 끓여
미역국 한 사발로
혼자만의 고독을 삼키니

어~허 여보시게들
인생의 참맛
바로 이 맛일세 그려

지구촌의 아비규환

모든 게 다 넘치지요

사람도 사랑도 돈도 물질도 차도 말도
명예도 공해도 질병까지도

모든 게 다 깨어지지요

사랑도 공경도 효도도 우애도
명예도 믿음도 우정도 신용도

지구촌의 아비규환

이제 조만간 '꽈당' 하는 천지개벽 같은 소리에
사람들은 깜짝 놀라
자기 자리를 찾을 것입니다

뒤집혀진 세상

눈이 있어도 보지 못하고
입이 있어도 말하지 못하고
귀가 있어도 듣지 못하고

아리아리 아라리오
아리랑 삼년고개
세 번을 넘어도
산 넘어 산이고
바다건너 바다더라

명주 옷고름 마를 새 없이
한 숨의 세월이여
눈물의 세월이여
보릿고개 삼만 리여

그랬던 삼강오륜, 인의예지
세상이 뒤집혔다네
건(建)곤(坤)이 바뀌고
음(陰)양(陽)뒤집히고

인물날까 명산에 산맥 잘라놓고
인물날까 산맥에 말뚝박아 놓고
쭉 못 쓰는 요즘 남정네들
혹여 마누라한테 채일까
눈치 보기 바빠

상투가 곧 도였건만
도(道)가 땅에 떨어져 박살나고
미풍양속 무너지고
자식이 부모를 살해하고
부모가 자식을 굶겨 죽이고
능력 없다는 이유로 남편을 폭행하고

동방예의지국 진짜 쪽 팔리네

후회 한 번 해봐요

결혼은 해도 후회 안해도 후회
그렇다면 차라리 결혼을 하고
후회하라는 어느 선인의 말

독신으로 자신있게 살아 가다가도
언제부터인가 그 독선이 무너지고
밤이 무서워 누군가의 손길이 그리워진다

인간은 자제할 수 있는 능력에
한계가 있는 법

이 땅의 독신주의자들이여
그대들은 어찌
신의 섭리를 거역하며 사는가

한 번
멋지게 사랑하고
멋지게 결혼하고
멋지게 후회해봐요

사주팔자 1

꾸밈없는 아가 눈동자로
맷돌을 돌려본다.

고통의 멍에 속에서
숨 가쁘게 살아야 한다면

하얀 민들레 홀씨
누가 오랄까

떨어지는 낙엽처럼
이 자리에 쓰러져

사주팔자에 님 없다면
내 미소 누가 만질까

사주팔자 2

과연 사주팔자라는 게 있는 걸까
가을 하늘의 청정함같이
거짓없고 꾸밈없는 아가 눈동자같이 살고픈 내게
늘 고통의 멍에에서 숨 가쁘게 살아야 하는
내 운명은 왜 이렇고

남한테 피해 한 번 쓴소리 한마디 못하는
난백막 같이 여리디, 여린
그녀는 늘 배신만이 사랑하여
울며 살아야 하는지

운명을 공부해
운명을 알 수 있다면
나처럼 운명을 거역하며 사는 그들에게
운명을 얘기해주자

남은 몇푼의 전세금 모두 털어
개인지도 받아보겠다고
스승께 갖다드리고 약속한 그 장소에 가 보니
계약 맺을 때와는 달리,
나 말고 내 또래 여자 둘,

그들도 없는 돈 있는 돈 빚까지 얻어
바다 가운데 촛불과 같은 운명 앞에
살기 위한 수단으로
한가닥 실오라기 같은 희망을 품고
나처럼 운명을 공부하는가 보다

스승은 8월 땡볕에
축 늘어진 풀잎처럼
시나브로 지는 낙엽처럼
하루가 다르게 늘 기력없어 하시다가
결국 약속한 공부 마무리도 못해주시고

수많은 사람들의 운명을 얘기해 주시던 그 분도
한치 앞도 못내다보는
당신의 운명 앞에서 52세의 짧은 생으로
뼛국물 같은 기막힌 돈만 받아가지고
민들레 홀씨 되어 홀홀히 떠나버리셨네.

나는 누구인가

창문 타고 달빛 젖어 흐르는 밤
그대의 숨결 흐르는 이 밤
달빛에 홀로 앉은 실루엣
또 하나의 내 그림자

창가에 기대어 뿌옇게 피어오르는
담배연기
멀리 사라지는 그대의 발자국 소리
시나브로 지는 낙엽보다
더 쓸쓸한 이 밤
나는 누구일까

새고 나면, 쫓기듯 도망치듯
숨 가쁘게 살아온 내 그림자
피 묻은 생리대보다
더 더럽고 역겨웠던 날들

휘청거렸던
세월의 뒤안길에서
상념의 거리
무상의 거리
나는 진짜 누구일까

우울병

왠지 자꾸만 이 세상에
오직 나 하나라는 생각이 듭니다
부모 형제도 친구도 사돈에 팔촌도 없고
오라는 곳도 없는
가슴은 언제나 텅 빈
미칠 것만 같은 고독

왠지 이 세상 두렵다는 생각이 듭니다
밝은 하늘도 보기 싫고
나가기도 싫고
저만치서 아는 사람이 오면
숨어버리고 싶은…

왠지 자꾸만 밤이 오는 게 두려워 집니다
옆에 같이 누워 줄 사람 없고
얘기 나눠 줄 사람, 같이 꿈 꿔 줄 사람 없는
눈 감았다 뜨면 더욱 허전하고
깊은 잠은 들 수가 없어
생각은 꼬리를 물고 늘어져
왜 그럴까요

엄마

가려 하십니까
정령 이대로 가려 하십니까
아직은 75세 이른 나이
아직 할 일 많이 남았는데
아버지 유언 받들지도 못하시고
어딜 가려 하십니까

가지 많은 나무
바람 잘 날 없다고
이자식 저자식 근심걱정
가슴에 묻어 두고
병을 키우셨나요
아버지가 그리도 그리우시더이까

8월의 삼복더위
곱지도 않은 삼베옷 꾸역꾸역 겹쳐 입으시고
아픈다리 가지고서
그 먼 길을
이 비 맞으며
어이 홀로 가신답니까
비만 오면 그렇게도 좋아 하시더니
먼 길 가시는데

비가 동행 하는군요
엄마의 마지막 눈물이시더이까

놀기 좋아 하시고
사람 좋아 하시고
술 좋아 하시고
그렇게도 예뻐하시던 큰 손자
그 많은 유혹들
어이 다 뿌리치고 가려 하신단말입니까

이 한 세상 무슨 미련이 그리도 많으시다고
무슨 한이 그리도 많으시다고
끝까지 눈 못 감으시고
눈 감으소서
좋은 곳으로 가소서
아무 걱정 마시고 편히 잠드소서
하나밖에 없는 딸
식어 가는 엄마 젖무덤에 묻혀 통곡 합니다.
제 울음 소리 들으시나요

하얀 치마 저고리 갈아 입으시고
하얀 피부

곱게 다무신 입
주무시듯 너무도 고우시더이다

그렇게도 죽음을 두려워 하시더니
아버지 마중은 나오셨던지요
오랜만에 아버지와의 재회
엄마는 좋기도 하겠수

외할아버지 외할머니께 인사는 드리셨는지요
먼저 가신 엄마 술 친구들 만나는 보셨는지요
윗집 대수네 아줌마 아저씨는 안녕 하시던지요

나는 이제 누굴 의지하며 살아간단 말입니까
누가 날 지켜 준답니까
엄마, 당신을 진실로 사랑 합니다

다시 만나는 그날까지
아버지하고 싸우지 마시고
산새 좋고 양지 바른 곳에서
편히 쉬소서

잊으시지요

내가 떠나 거든
날 잊으시지요
내 흔적 내 체취 내 살갗
모두를 말입니다
당신이 내게 손을 뻗쳐 올 땐
내 마음은 이미 냉철하게
돌아섰을 때입니다

내가 가버린 후에
당신 후회하지 마세요
정적의 땅
깊은 잠에 묻힌다 해도
때는 이미 지난 후이니까
우리가 미래를 지향하며 꿈 꿔 온
그 수많은 날들
훗날 회상하며
당신 눈물을 흘릴 것입니다
그리고 무척 괴로워하는 날들이 많을 것입니다

잊으시지요
꿈처럼 까맣게
죽음처럼 깊게
당신이 아무리 애원해도
나 아니 돌아올 것입니다

사랑에 환장한 여자

사랑이 구속이라면
나 그대 품에서
영원히 무기징역을 선고받고 싶소

사랑이 아낌없이 주는 거라면
나, 가진 거 다 주고
빈 가슴 빈 껍데기로 살고 싶소

사랑이 아픔이라면
나, 생가슴 도려내는 아픔일 지라도
차라리 그 아픔을 견디며 살겠소

사랑이 포옹이라면
나 그 속에서
퐁당 빠져 죽어버리고 싶소

나 이 여자
사랑에 환장한 여자.

인천 30번 시내버스

북적거리는 도시의 오후,
인천 30번 시내버스 한산하다

오른쪽 줄 의자, 하나 둘 셋 넷
젊은 것들 앉아있고

왼쪽 줄 의자 하나 둘 셋
새파란 것들 앉아있네

어느 정류장에서인가
당신 몸 하나 가눌 수 없을 만큼
거동이 불편하신 할머니
한 분이 타시는데

자리에 앉아 말똥거렸던 젊은 것들
먼 산 바라보기 작전이 아닌,
일제히 동시에 졸아대는데

싹바가지 없는 것들
지네들은 평생 안 아프고 안 늙을 줄 알고...

노을

밝은 햇살
푸른 바다에 비치일 때
넘실대는 물결 위에
또 당신과 내 마음을 비추이고
미소 띤 당신 모습 담가보며
시들던 꽃
또 다시 피어
영원토록 순결하리라
맹세합니다

배신

믿었던 사람한테 배신 당하는 일만큼
괴로운 일은 없을 것입니다

아랫사람한테 배신 당하는 일만큼
더 괴로운 일은 없을 것입니다

절실했던 친구한테 배신 당하는 일만큼
마음 아픈 일은 없을 것입니다

사랑하는 사람한테 배신 당하는 일만큼
죽고 싶은 일은 없을 것입니다

배신을 하면
나도 언젠가는 배신을 당하는 법

배신을 밥먹듯이 하는 사람들
훗날 생의 뒤안 길에서
얼마나 쓸쓸하게 살아가게 될지…

독수공방

아직도 새벽
벽에 걸린 시계소리만이
적막과 정적을 깨뜨린다
언제 태양은 떠오를지

옛 과붓집 걸레는
하얄랴 더 이상 하얄 수 없고
유난히 무쇠 솥이 반짝거리고
유난히 냄비가 반짝거리고
유난히 고무신이 반짝거린다고

새벽잠 없고 스트레스 풀 곳이 없으니
애매한 냄비짝 신발짝 걸레짝 무쇠솥뚜껑이
유일한 대상

그러나 요즘
닦을 솥이 없다 무쇠 솥 사라진 지 이미 오래
닦을 냄비가 없다 게르마늄냄비 범랑냄비니
닦을 고무신이 없다 가죽 플라스틱이니
한 번 삶은 걸레는 마루가 아니니 오래도록 뽀얗고

오뉴월 짧은 밤
물 젖은 무명치마보다 더 질긴 밤
나
이 많은 밤들
어이 홀로 보낼거나

남자가 필요할 때

남자 할 일 여자 할 일이
다 따로 있더이다

벽에 못 하나 박으려니
자꾸만 튕기쳐 나가고
손가락만 치게 되더이다

별안간 전기 콘센트에서
스파크가 튀기더니
지지직거리며 전선을 타고 오르더이다

천장에 형광등이 나가고
무거운 짐을 5층까지 올리려니
힘에 겹더이다

갑자기 취객의 요란한 문소리에
무서울 때가 있더이다

세상에 남자가 미치도록
그리운 밤이 있더이다

그 여자

님 품이 그리워 잠은 안오고
너털거리는 자존심도
부끄러움도 체면도 없이
–에이 씨팔 정말 환장하것네–

40대 그 여자 그 저녁에
있는 돈 없는 돈 모다 모아
이른바, 호빠를 찾아간대나
하룻밤 풋사랑
천년 사랑 누려보겠다고

오늘 이 밤
여기 끓어오는 욕망 불태워 줄 남자
아무도 없나요

이런 여인을 만나게 하여 주소서

밤새 노 저어 도착한 그곳에
초롱초롱 웃어주는 여인,

삶이 무척 힘들 때
팔짱 끼워주는 따뜻한 여인

둘 다 물에 빠져도
배 위로 올려줄 수 있는 그런 여인

힘겹게 산꼭대기에 올라 가면
하얀 미소로 반겨줄 줄 아는 여인

주어서 빈 가슴으로
살 줄 아는 그런 여인

만나게 하여주소서

이런 남자 만나게 하여 주소서

나의 허물과 아픔을 감싸줄 수 있는
넓은 바다와 같은 남자 만나게 하여주소서

받아서 채우려는 가슴보다
주어서 빈 가슴으로 살아가는
남자 만나게 하여주소서

늦은 밤 남편 기다리는 아내에게
미안해 정말 미안해 하며
너스레 떠는 남자 만나게 하여주소서

아내가 아플 때 같이 아파하며
곁에 있어 줄 수 있는 남자
따뜻한 남자 만나게 하여주소서

늙어서 같이 손잡고 도란도란 얘기하며
여행도 하고 산책도 하고 할 수 있는
남자 만나게 하여주소서

사는 날까지 건강 함께 할 수 있는 남자
만나게 하여주소서

나보다 늦게 죽는 남자
만나게 하여주소서

어떤 환상

우연히 보도블록 위 걷다가
쇼인도우에 디스플레이 되어 있는
남성복 전문 옷가게에 발길 머물렀습니다

마네킹이 입고
한껏 폼재고 서 있는
내가 좋아하는
밤색 바지와 연한 갈색톤 가디건이
너무도 잘 매치되어 있었습니다

내가 사랑하는 사람이 있었으면
입혀보고 싶었습니다
내가 사랑하는 사람이 있었으면
내가 좋아하는 칼라 디자인 옷을 입혀
팔짱 끼고 거리를 활보 해 보고 싶었습니다

그런데 잠시
그게 꿈인냥 생시인냥
환상으로 보여지는 것이었습니다

그순간 짱-
살얼음 깨어지는,

출입문 삐긋이 열고
-안에도 예쁜옷 많으니
안에 들어 와서 구경하세요-

가게 점원 아가씨

수원에 유명한 여자

수원에 유명한 여자가 있었지
이름 또한 유명자였지

위자료라며 몇 푼 받아
식당한다고 몇 푼 털어먹고
몇 푼 남은 돈

그 여자 그 돈 어떻게 냄새 맡았는지
한 번 두 번 세 번
그렇게도 꼬여대더니

애기 우유값이라도 해보겠다고
주었던
그 돈 가지고 잠적한 지 20년

그 여자
내 돈 말고도 피나는 돈 많이 우려먹고
잠적했을 걸세

4부 추억

이런 봄날

사족을 못쓰는 40대 싱글녀
궁댕이 살랑대는 봄바람이
싱숭대

이런 날은 어디론가 훌쩍 떠나 보고 프다
이런 날은 누군가를 사랑하고 프다
이런 날은 사각거리는 옷고름 풀어헤쳐 보고 프다

절개있고 정조가 다 무슨 소용이고
양반님네 갯똥 체면이 다 무슨 필요인가
사랑의 허기를 누가 채워준다고

코 끝 묻어나는 싱숭댄 봄바람
40대 싱글녀 궁댕이 살랑내는 무명치맛자락
미치도록 퍼부어대는 햇빛

이런 날은
이런 날은
궁상떠는 40대 싱글녀가 아닌

부서지는 햇빛 세례 받으며
옷고름 풀어헤치고
뽕밭에서 낮대거리 한 번 해 보고 프다

대책 없는 노숙자

세상에서 가장 대책 없는 사람
빈속에 소주 먹고 마늘 먹고
전철 타는 사람
거기다 트림까지 해 봐
진짜 사람 미쳐!

봄바람

코끝 묻어나는 봄바람 싱그러워
마음은 싱숭생숭 잡아 누를 재간없네

한조각 구름 위에 마음을 싣고
어디론가 향하고 싶어

봄 품 팔 벌려 이 마음 맞아줄 곳 어디런가
고향뿐이였네

풀내름 향끗, 송아지 울음소리
들판에 푸른 풀들 생기 활기찬데

인간세계 천국
없을 줄 알았건만

애기염소 풀뜯음 재롱떪에
세상 근심 걱정
모두 잊어버렸네

석류

부시게 따가운 햇살 받으며
손 대면 툭, 하고 벌어질 것만 같은 석류
길손을 기다린다

너무도 시그러워 돌아서나
너무도 새빨게 무서운가
그냥 꿀꺽 삼키기가 아까워
두고 보려나

석류는 기다리네
누군가의 입에서
훌훌 벗어부치고 나체가 되어
그냥 확 녹아 버리고 싶다고

세상아 사람들아

세상 사람들
내가 하면 로맨스고
남이 하면 불륜이다

내 흉은 더 많으면서
남 흉은 더 잘본다

우리네 사람들
나 먹기는 배부르고
남 주기는 아깝다

형이 땅 사면 배 아프고
내가 땅 사면 신이 난다

요즘 사람들
남이야 어떻든 나 편하면 그만이고
나 편하면 남 힘든 거 나 모른다

내가 하면 정당하고
남이 하면 부정부패다

지금 젊은이들
옆에 사람이야 죽던 말던
나 괜찮으면 괜찮고

옆 사람이야 배고프던 말던
나 배부르면 그만이다

우리네 자식들
삼강오륜 나 모르고
미풍양속 다 귀찮다

허기

굶어도 굶어도 배부른 사랑이 있습니다
퍼내어고 퍼내어도 밀리는 그리움이 있습니다
아파도 슬퍼도 화환같은 미소가 있습니다

배부른 것도 허탈
그리움도 외로운 거
웃음도 가식일 수 있듯

모든 삶의 슬픔을
고즈넉한 오후의 햇살처럼
그냥 먼발치서 바라보고만 있어야하리

채워도 채워도 허기진 배고픔이 있습니다
속 시원히 울어버리고 싶은 울분이 있습니다
그냥 확 터뜨리고 싶은 가슴에 응어리가 있습니다

채우려는 것도 어리석음
울음도 그 순간
터뜨리는 것도 바보짓

그저 삶의 모든 아픔을
고즈넉한 노을처럼
묵묵히 지켜보고만 있어야 하리

몽정

내 육체 은밀한 그 곳에
뜨거운 그 무엇이 깊숙이 파고듭니다
꿈인 듯 꿈이 아닌 듯
몸부림치며 사정합니다
아! 진분홍빛 빠알간 환상에서
더 깊이 추락합니다

인연

만남도 쉽지 않은 인연인 것을
한번 맺은 인연은
만남보다 끊기가 더 어려운 것이거늘
서로 만나 얼크렁덜크렁
원수니 악수니
그것이 인생이란 것일까

재미있게 살아도 짧은 인생
부부만큼 좋은 게 또 어딨다고
남편 밥은 앉아서 먹고
자식 밥은 서서 먹는다고
효자 열보다 악처 하나가 낫다고

자식이야 키울 때 품 안의 자식일 뿐
머리 키워 능력 키워주면
저 날나 저 스스로 큰 줄 알고
그것도 나이 차고 나면 남 좋은 일만 시키고

늙어서 등 긁어 주고
도란도란 얘기 친구 되어 주고
오줌 똥 받아내고 부부밖에 없다네

예쁜 게 다 무슨 소용이고
잘난 게 다 무슨 소용인가
건강하게 서로 아껴 주고 위해주다
엇비슷하게 한평생 살다 가면 그 뿐이지

부부 탐구 (아침마당) 하나

한 부부가 출연했네
결혼 19년
부인을 너무 사랑하는 남편
손수건에 눈물 적시네

19년 동안 가정밖에 모르던 아내가
어쩌다 외간 남자와 부정을
용서를 해야겠다면서도
용서가 안돼

아내는 남편이 죄스러워
TV에 자기 얼굴 팔리는 게 부끄러워
푸릇푸릇 남편한테 맞은 멍든 얼굴 들지도 못하고
쥐 죽은 듯 고개 숙이고 침묵만을 지키네

남편의 바람과 아내의 바람은 엄청난 차이라고
남편도 과거에 세 번씩 바람피웠던 적이 있었다지

남편의 바람은 남자니까 이해할 수 있지만
여자의 바람은 여자니까
한평생 죄인으로 살아가야 한다면.

남편이여! 남편이여!
외로히 홀로 감수하소서
남편도 세 번씩 바람피웠을 적에
억장 무너졌던 부인의 심정을 헤아리셔

측은지심,
부디 작은 사랑으로 큰 용서 바라오.

부부 탐구 (아침마당) 둘

화요일 아침
한 부부가 나왔네
사니 못사니
당신이 잘했네 내가 잘했네
이래요 저래요

이런 사연 저런 사연
사연도 가지가지
푸념도 가지가지

심판으로 나오신 두 양반,
오늘도 이른 아침부터 진땀 빼시네

걸려온 한 통의 50대 여인의 울먹이는 목소리
있을 때 잘해요 없으면 그 공간은 너무도 커요
병신으로 있어도 있는 게 나아요
왜들 그렇게 싸우는지 모르겠어요

그래요 없는 사람들한테는
그것도 사치요 행복한 비명이니
서로 이해하며 용서하며
그렇게 살아요

훗날엔 부부밖에 없는 것을 알게 될 겁니다

부부 탐구 (아침마당) 셋

32년동안 맞고 살았다는 50대 부인
이젠 골병이 들어 몸이 아프시다구

사소한 말다툼에도 손찌검하는 남자
아주 치졸하기 그지없는 남자

여자를 습관적으로 폭행하는 남자
평생 여자없이 외롭고 가장 처절하게
살아가야 할 남자

人이라 함은

人이라 함은 天地人을 뜻하는 것이며
人이라 함은 人生에 있어 첫글자이며
人이라 함은 하늘의 뜻이 담겨있는 천계탑과 같은 것이며
人이라 함은 혼자가 아닌 둘이란 뜻이며
人이라 함은 혼자는 약하므로 둘이 지탱하라는 뜻이며
人이라 함은 집을 지어 살라는 뜻이며
人이라 함은 다리 벌려 양팔 올려 인간 승리(勝利)라는 뜻이며
人이라 함은 곧 인성(人性)인 것입니다

인연은 아주 소중한 것입니다
소중한 인연을 소중하게 생각해야 합니다.
인연이 있었기에 인연이 된 것을…

사람들은 왜 모르는 것일까
곁에 있는 소중함을
가지고 있는 행복을…

눈물에 테헤란로의 다단계꾼들

빛 좋은 개살구라더니
머리에 무스 바르고
양복에 넥타이 매고
전철 개찰구 뛰어넘기
술 한잔 점심 한끼 서럽더라.

속 빈 강정이라더니
머리 구르프 말아 스프레이 뿌려 세우고
짝퉁 명품 가방 들고
전철 개찰구 개구멍
남들이 보면 최고 귀부인,

커피 한 잔에 댓명 붙어앉아
게거품 물고, 입에 군둥내 풍기며,
오늘도 헛된 망상에
열변을 토해내는
눈물에 테헤란로의 펀드, 다단계꾼들!

인생을 논하지 마라

쏘가리 매운탕과 소주 한 잔 안 해 본 사람과
인생을 논하지 말라

새벽 이슬 맞으며
콩나물 해장국과 해장술 한 잔 안 해 본 사람과
어찌 인생을 논할 수 있겠는가

인생은 쇼야

장사꾼은 가짜를 진짜로 둔갑해
많은 이익을 남기고
소비자들을 희롱하고

정치인들은 쟁취에 늘 허덕이며
지키지도 못할
당치도 않은 공약들을 내걸어
국민들을 우롱하고

의사들은 사람의
목숨을 담보로 해서
실험대 위에 올려 놓고
돈에 매수되어 흥정을 하고

자칭 신의 종인양
있는 양심 없는 양심 다 떨며
종교인들은
신도들을 농락하고

학문을 연구하고 지성을 대표한다는
대학가의 교수들은
학업을 팔고 사고
성희롱까지…

형사들의 타자 글자 하나가
한 인생의 운명을 좌우하고

인생은 쇼야
속고 속이고
쫓고 쫓기고
먹느냐 먹히느냐

인생은 쇼다
쇼인 거야

세월

내 인생에 가장 행복했던 시절
부모 밑에서의 10대는
그렇게도 마디마디 가더니

20대에는 사랑의 쓴맛, 단맛
이별의 눈물과 아픔을 맛보며
운명으로 달리는 그런 세월이었고

30대에는 많은 사람들을 만났으며
인생을 알고, 배웠고
극과 극을 달리는 격동의 한 세월이었지

40대에는 뒤도 돌아볼 겨를도 없이
숨 가쁘게 살아 한 세월 꿀떡 하나 삼키듯
금방이더이다

어느덧 내 나이 쉰줄
아~인생이 50부터라면
나, 남은 인생
고즈넉한 오후의 바다처럼
한 여자의 인생으로 살고프다

새의 눈

너의 새눈 보았니
초첨 잃은 새의 눈

여리고 가냘픈 새의 눈
갈 곳 잃어 갈 곳 정하지 못하고
방황의 미로에서

사방은 온통 콘크리트 숲뿐
제 둥지를 잃은 듯
달빛 그림자 에워싸듯

너 새눈 보았니
무언가 그리듯 애원하듯
깃털 접고 초라히 쪼그리고 앉아 있는

자식잃은 고슴도치
망연자실한 새의 눈

11월의 마지막 비

이 비 그치고 나면
쓸쓸한 가을은 가고
추운 겨울이 오겠지

가을의 마지막 비
겨울의 처음 비

꼭 이맘 때
비 오는 날
아련히 떠오르는 그대의 뒷모습
이별의 아픔만 뚝뚝 흘리고 아스라이 사라지던…

바람 불어 더욱 쓸쓸하던 날
떨리는 내 작은 어깨에 무겁게 내려앉은 노을빛
어느새 살며시 다가와
내 초라한 어깨를 감싸주던…

이 비 그치고 나면
눈물보다 더 아름다운 가을은 가겠지
눈물보다 더 맑은 가을은 가겠지
눈물보다 더 슬픈 가을은 가겠지

시린 가슴이라오

물안개 피어나듯
사르르 계슴츠레한 눈웃음
아가 솜톨 같은 숨결
그대 시린 가슴이라오

우리 이마 맞대고
술잔 부딪치며 영원을 약속했던
그날 그 약속 포말의 기억으로
그대 시린 가슴이라오

서로의 마음 확인하지 못하고
아직 할 말 남았는데
떠나려 하나요
그대 시린 가슴이라오

새로 핀 코스모스 들길에 서서
살포시 입 맞추고
눈물 뿌리며 이별을 해야하나
그대 시린 가슴이라오

사랑은 소리내지 않은 애달픔이여
주어도 주어도 못다 준 마음인데
하늘엔 먹구름만 흐르네
그대 시린 가슴이라오

추억 (하나)

눈 감으면 내 가슴엔 언제나
풋풋한 풀 향기 묻어나는
유년의 꿈이 서린
어린 시절 고향의 추억들이 물결처럼 번져온다

빨강 멜빵 소풍가방 메고
참새 떼 재잘대듯 재잘대며
선생님 호루라기에 발맞춰
산토끼 노래 부르며 소풍을 가던
코흘리개 말썽꾸러기

봄이면 조그만 바구니 옆에 끼고
진달래꽃 따먹으며 삐비 뽑아먹으며
쑥, 냉이 캐러 까매진 얼굴 부스럼 피우고

여름방학이면 초가지붕 처마 밑
거미줄을 따 침을 툭,툭 뱉어
끈적한 잠자리채를 들고
곤충채집이니 식물채집 한다고
산으로 들로
이름 모를 식물들을 뿌리째 캐어
책갈피에 끼워두고

가을 추석이면
조그만 마을의 대축제인 운동회
어른 아이 할 것 없이 한데 어우러져
어른들의 풍악과 윗동네 아랫동네
편을 갈라 웃음 자아내는
한판승 줄다리기는 운동장이 시끌시끌하였고

남자애들의 기마전이나 기계체조
여자애들의 부채춤이나 마스게임은
정말 일품이였지

겨울이면 처마 밑에 매달린 고드름 따먹기
눈싸움이나 썰매타기를 하고
커다란 눈사람도 만들어보고
때로는 동네 사람들과 토끼몰이 사냥도 가고

정월대보름이면 들판에 쥐불놀이
밤하늘에 오색무지개 수를 놓고
또는 윷놀이를 하여 밥 훔쳐오기
주체할 수 없는 밥과 나물들은 처치곤란,
방공호나 갈대밭에 버리기 일쑤였지.

추억 (둘)

단발머리 학창시절
겨울이 봄으로 넘어가는 길목에서
봄방학이 막 끝난 후
교실 안, 새 학년 맞는 어수선한 분위기
학교수업 뒤죽박죽
도시락마저 싸오기 어정쩡한 때

괴짜친구 몇몇이
점심시간을 틈타 방공호를 통하여
학교 앞 가게에 몰려가
빵 도넛츠 실컷 먹고 들어오다
체육 선생님께 들켜 무단출입하여
무얼 먹고 왔느냐고 다그치시니

왕뻰치 내 친구들 죽어도 아무것도 안먹었다고
시치미 뚝 떼며 입까지 벌려 보이지만
입가에 묻은 도넛츠 설탕가루 보고
선생님도 어이없으시다는 듯
양 코볼 벌렁대며 웃음 참아내시던...

방과 후 학교 수업을 마치고 하교 길에
모두 각 반으로 흩어질 친구들이
아쉬움의 기념으로 사진 찍자며
경관 좋은 천주교회로 몰려가 사진 촬영하고
찐빵에 만두에 정신없이 먹어대
교복 허리 맞지 않는다며 헉헉대던
앨범 속 빛 바랜 사진의 추억들이 영롱히 남아있구나

꿈 많던 단발머리 친구들이여
지금은 어디서
어떤 모습들로 행복하고 있는가
그리운 친구들이여
몹시도 보고싶구나

추억 (셋)

어릴 적 내가 살던 강나루에
돛단배 하나
갈대밭엔 갈매기 때 광장이던 곳
썰물이면 훤히 드러내놓는 모래섬
수줍은 듯이 모래 속으로 몸 도사리는
작은 조개 알들이
진주 옷 입고 있네

해 가는 줄 모르다가
어느새 저녁노을 짙게 물들어
허둥대던...

고향

내가 초등학교 5학년
여름방학에 전학 왔을 때만 해도
바닷물은 너무도 맑고 깨끗했지
김칫거리도 씻어먹고
생선도 씻어먹고
지금은 바닷물마저도 많이 오염 돼 있구나

자그마한 초가집들
좋아야 스레트집 몇 채
태풍이 휘몰아치면
주민들은 공포의 도가니
전깃불도 들어 오지 않고
수돗물은 상상할 수도 없었지
그 옛날 이 곳도 섬이랬던가
지금은 2,3층 건물들이 우뚝우뚝

네 살박이 사내아이 오줌 줄기만 한
작은 샘물 하나가 주민들의 생명줄
밤을 뚝뚝 세워 가며
물통들이 끊이지 않던 시절
가끔은 니가 먼저니 내가 먼저니
샘터에서 싸움까지 벌어지고

비라도 오면 있는 그릇 없는 그릇
그릇그릇 죄다 채우고
그 물로 머리도 감고 세수도 하고
그 물마저 그냥 버리기가 아까워
다시 큰 목욕통에 부어 앙금을 가라앉힌 후
웃물을 떠
그 물로 또 걸레도 빨고 운동화도 빨고
참 그때는 물도 귀했지

샘물 옆으로 파도에 바람에 깎인 듯한
산이 있고 산 밑으로는
이 모양 저 모양의 크고 작은 바위들은
자기 몸매를 한껏 자랑이라도 하듯
한 폭의 동양화 같은 절경을 이루었지
지금은 도로 확장이니 방파제니 해서
잔인한 인간들의 손과 무기에 의해
무참히 훼손되고
그때 그 자리엔 냉동공장과 등대지기 하나가
쓸쓸히 자리를 지키고 있다

산위에선 바위 비집고 다섯 살박이 계집아이
오줌 쏘듯 물이 떨어지고
바닷물이 밀려들면 흔적도 없이 사라졌다가
썰물이면,
물 나가기가 무섭게
아이들은 몰려가 손가락 휘어지게
옹달샘을 만들어

빨래를 하고
산 위에 올라가 등걸을 주워
바위에 화덕을 만들어
빨래도 삶고

매끄러운 돌 하나가 빨래 방망이가 되어
툭탁툭탁 빨래를 두들기면
산 속에서도 툭탁툭탁 메아리 쳐 온다
뽀얗게 삶아진 빨래를 바위에 널면
빨래는 바위가 뜨거워 햇볕이 뜨거워
금새 말라 바삭거린다.

산모퉁이를 조금 돌면
군막사가 하나 있었고 우물 하나가 있었지
저녁이면 군인 아저씨들의
발가벗고 목욕하는 모습들을
호기심 많은 아이들한테 여러번 들켰지

산모퉁이를 한 번 더 돌면
인적이 뜸한 백사장이 있었고
저녁때까지 햇빛이 들어
아이들이 수영하기 딱 좋은 곳
여름방학에 고향 언니가 찾아와
수영하며 놀다
밤송이 같이 봉긋이 솟은
내 젖몽울을 보고
놀려대는 바람에 난 그만 울고 말았지
수영을 하다 배가 고프면

산 위에서 등걸을 모아
바람을 피해 바위 뒤에 숨어
밥을 지어먹고

햇빛에 까맣게 타버린 바위들
바위틈엔 참고동 보리고동들이 벌집처럼
틀어박혀 있고
에미 젖줄이라도 빨 듯
달라붙은 많은 굴복들
물이 많이 빠지는 사리 때면

해삼, 청각, 톳나물, 가끔은 낙지, 손뚜껑만한 전복도,
고동 삶은 물에 톳나물을 살짝 데쳐
톳나물에 고동 몇알 된장 싸먹은 그 맛이라니….
지금은 군사지역이래나
볼썽사나운 철조망에 붉은 글씨로
"민간인 통제 금지구역"이라고
그 많은 해산물들 누가 다 따먹을까…

산허리를 타고 조금 오르면
조선조 효종6년에(1655)에 쌓았다는 성(成)이 있는데
이 나라를 지키기 위한 피와 땀이 서린
길이 보존해야 할 문화 유산을
철 없는 우리 후손들 이 성(成)무녀
양식장 뚝을 쌓고 방파제를 쌓았다니
하늘에 우리 조상님들
얼마나 서운해하셨을까
성 위에 올라

시야에 병풍처럼 펼쳐진 아득한 수평선,
갈매기떼 끼룩끼룩 날고
통통거리는 낭강망 작은 배들과
섬만큼이나 큰 꽃게 무역선
무역선에서 잔잔히 흘러나오는 나훈아의 "해변의 여인"
아! 이 평화로움 한 폭의 그림이어라

태초에 하나님께선 자연의 신비로움부터 창조하셨나니

서문을 통하여 나오면
대하양식장이 보이고
이 마을과 저 마을을 잇는 뚝은
까마득한 환상의 길
이곳은 청춘남녀들의 데이트코스,
과묵하게 늘 때를 기다리던 그 대하양식장이
지금은 골프장이래나?

바로 보이는 저 섬은 신진도
노를 저어 건너주는 나룻배 하나가
일년내 봉사해주고
가을 추수에 가가호호
호당 쌀 뒤말씩 부조를 받고
물이 귀한 아낙들은
빨래는 모아 산더미같은 빨래를 이고지고
그곳으로 빨래를 갔지
아! 태고적 자연의 신비는 어데가고
인걸은 간데 없네
지금은 장엄하고도 웅장한 다리가 놓여

차들마저도 마음 놓고 달린다

육,해,공군이 다 모인 이곳은 해군기지,
하얀 제복을 입은 쭉쭉 빠진 해군아저씨들이
늘 장을 이루고
어쩌다 빨래 한 번이라도 가게되면
해군 아저씨들의 퍼부어대는 휘파람소리에
얼굴 붉혔던 꽃다운 시절도 있었다오

이윽고
먹구름 속에서 장대비가 쏟아지고
바다는 금세 입질하는 붕어의 주둥이마냥
뽕긋뽕긋 은빛 파문에 온통 수를 놓고
저기 보이는 저 이름없는 작은 섬 하나
내가 살아온 삶만큼이나 쓸쓸해 보인다

혼자차려먹는 밥상 (안윤채 시집1)

지은이 / 안 윤 채

2011. 4. 10. 초판 인쇄
2011. 4. 15. 초판 발행

펴낸곳 / 도서출판 엠-애드
펴낸이 / 이 승 한
서울시 중구 충무로4가 36-7
전화 / 02)2278-8063/4
팩스 / 02)2275-8064
E-mail / madd1@hanmail.net
등록번호 / 제2-2554

마케터 / 덕준
디자이너 / 선실
전산팀 / 민영

정가: 8,000원

ISBN 978-89-6575-006-2